숨의 연대기

청람 김왕식 제1 시집

도서출판 청람서루

청람 김왕식 제1 시집
숨의 연대기

초판 인쇄 : 2025년 11월 10일
초판 발행 : 2025년 11월 15일
지은이 : 김왕식
발행인 : 김왕식
편집장 : 김학우
편집위원 : 이하늘
펴낸곳 : 도서출판 청람서루
출판등록번호 : 제 2024-000136호
주소 : 경기도 고양시 일산동구 탄중로 429 성지프라자 4층
전화 : 031-919-2505
이메일 : wangsik59@naver.com

값 : 13,000원
ISBN : 979-11-989851-5-6

님에게

사랑하기에도 짧은 시간들
서로에게 위안이 되는 따뜻한 동행이 되었으면 합니다.

202 .   .   .

숨의 연대기

어둠이 빛을 품고 있을 때
세상은 아직 아무 말도 하지 않았다
먼지 한 알이 떠올라 우주를 열고
그 속에서 첫 숨이 생겨났다

돌은 그 숨을 품어 단단해졌고
물은 그 숨을 흘려 강이 되었다
불은 그 숨에 타올라 인간을 만들고
바람은 그 숨을 실어 별까지 보냈다

사람은 그 숨으로 울고 웃고 사랑했다
하루의 끝마다 지는 해처럼
숨은 사라지는 게 아니라 돌아오는 것이었다
기억은 흙으로 스며 다시 꽃이 되어 피었다

하늘은 그 꽃의 향기로 자신을 증명했고
별들은 숨의 박동에 맞춰 노래했다
그 노래가 끝날 때쯤
모든 것이 한숨처럼 고요히 하나가 되었다

시인의 말

시인의 말

《숨의 연대기》는 한 사람의 생애가 아니라, 세계가 스스로를 기억하는 방식에 관한 책입니다. 우리는 태어날 때 한 번 숨을 들이켜고, 떠날 때 한 번 숨을 내쉰다고들 말합니다. 그러나 귀 기울여 보면 그 사이의 모든 시간은 거대한 호흡의 파장으로 이어져 있습니다. 바위의 정적, 물의 순환, 나무의 성장, 불의 흔들림, 바람의 통과, 별의 맥동까지—사물과 생명의 상태들은 결국 호흡의 다양한 문법일 뿐이라는 생각이 이 책의 첫 문장이 되었습니다.

시를 쓴다는 일은 무언가를 덧붙이는 일이 아니라, 이미 세계 안에 번져 있는 리듬을 더 정확히 듣는 일에 가깝습니다. 그래서 이 책은 서사보다 질서, 인과보다 호흡을 따라 배치했습니다. 어둠의 미세한 떨림에서 빛이 준비되는 순간, 돌이 불의 기억으로 식어 형체를 갖추는 순간, 물이 자신을 잃으면서도 더 큰 전체로 귀속되는 순간, 시간이 나이테로 응결하는 순간, 사랑이 형태를 바꾸며 지속하는 순간, 꿈이 현실을 비추는 비밀스런 방식, 그리고 마침내 모든 빛이 다시 숨으로 모여 귀향하는 그 고요한 장면까지―각 부와 각 편은 서로를 증명하고 보완하는 하나의 긴 호흡을 이루고자 했습니다.

세계가 처음 말을 배울 때, 그것은 문장이 아니라 떨림이었을 것입니다. 떨림은 소리를 낳고, 소리는 의미에 앞서 서로를 부르는 온기를 남깁니다. 저는 그 온기가 언어의 기원이며, 시의 본질이라 믿습니다. 그러므로 여기 실린 시들은 설명을 완성하려 하지 않습니다. 다만 사물들이 저마다의 길로 걸어가도록, 독자의 내면에서 다시 호흡하도록, 충분한 여백과 투명함을 남기려 했습니다. 비워야 맑아지고, 맑아야 빛을 담을 수 있기 때문입니다.

어둠을 결핍으로만 보지 않으려 했습니다. 빛이 자신을 알기 위해서는 그늘이 필요하듯, 우리는 손에 잡히지 않는 것들―멈춤, 기다림, 고요, 잊음―의 품에서 비로소 자랍니다. 이 책에서 어둠은 빛의 반대말이 아니라 그 기원이며, 침묵은 말의 종말이 아니라 그 완성입니다. 불이 우리에게 순간의 충일함을 가르친다면, 물은 이름을 바꾸며 계속 살아남는 법을 가르칩니다. 돌은 지킨다는 용기를, 바람은 지나감의 품위를, 흙은 순환의 평등을, 시간은 되돌릴 수 없음이 아니라 되돌아 봄의 윤리를 가르칩니다. 그리고 사랑은―끝나지 않고 모양을 바꾸는, 가장 오래된 생명의 기술입니다.

저는 시를 쓸 때 '높이'보다 '깊이'를, '새로움'보다 '다시 봄'을 택하려 합니다. 전례 없는 문장을 만들기보다, 오래된 질서의 위로를 다시 부르는 문장을 원합니다. 우리가 살면서 잃어버렸다고 믿어 온 것들—첫 떨림, 첫 빛, 첫 울음—은 사실 우리 안에 여전히 잠들어 있습니다. 이 책이 그 잠든 것들을 완전히 깨우지는 못하더라도, 독자의 호흡을 조금 느리게 하고, 마음의 귀를 조금 더 열게 한다면, 그로써 충분하다고 생각합니다.

《숨의 연대기》를 읽는 일은, 한 권을 통과하는 것이 아니라 한 호흡을 통과하는 일일 것입니다. 페이지를 넘긴다는 감각 대신, 들숨과 날숨의 길을 오간다는 감각으로 머물러 주시길 청합니다. 급히 이해하려 하지 말고, 서둘러 의미를 붙잡으려 하지 말고, 다만 함께 호흡해 주십시오. 어떤 문장은 즉시 밝혀질 것이고, 어떤 문장은 독자의 삶을 한 계절쯤 돌아 나온 뒤에야 천천히 빛날 것입니다. 시는 늘, 읽는 이의 시간 속에서 완성되니까요.

끝으로, 제게 시를 가르쳐 준 스승들은 자연과 침묵이었습니다. 새벽의 가장 얕은 바람, 비가 그친 뒤 남는 냄새, 오래된 의자가 견딘 체온, 별이 멀어지면서도 도착하는 빛—그 모든 것들이 저의 문장에 스며 있습니다. 그리고 아직 이름 붙이지 못한 당신의 체험들이, 이 책을 읽는 동안 조용히 깨어나기를 바랍니다. 이 시집의 참된 저자는 세계이고, 그 다음은 독자이며, 저는 다만 그 사이를 잠시 지나가는 바람일 뿐입니다.

당신의 호흡 속에서 이 책이 다시 시작되기를.

2025년 가을,
청람서루에서 김왕식

프롤로그

프롤로그

 빛은 한 점의 숨에서 시작되었다.
그 숨은 소리도 없고, 이름도 없었다.
그러나 그 무명의 떨림 속에서 우주는 처음으로 스스로를 깨달았다.
《숨의 연대기》는 그 깨달음의 기록이며, 모든 존재가 공유한 최초의 호흡에 대한 시적 탐구이다.

이 시집은 태초의 어둠에서 시작된다. 어둠은 결핍이 아니라, 탄생을 품은 모태였다. 거기서 첫 떨림이 일고, 그 떨림이 시간의 문을 열었다. 돌은 불의 기억으로, 흙은 생명의 품으로, 바람은 사유의 손가락으로 태어났다. 물은 흐름으로 세상을 비추고, 불은 의식의 불씨로 인간을 깨웠다. 이 모든 것은 하나의 숨, 즉 '존재의 호흡'으로 연결된다.

숨은 단순한 생리적 행위가 아니다. 그것은 생명의 가장 오래된 언어이며, 존재가 스스로를 증명하는 방식이다. 들숨은 시작이고, 날숨은 귀향이다. 들숨 속에는 창조가, 날숨 속에는 해탈이 있다. 인간의 역사와 우주의 순환은 이 두 박자의 리듬으로 이어져 왔다.

시인은 그 리듬을 따라 걷는다. 시의 행마다 빛과 어둠이 교대하며, 고요와 울림이 서로의 그림자를 품는다. 그 여정은 신의 손끝에서 시작되어 인간의 심장으로 이어지고, 마침내 다시 별의 침묵 속으로 돌아간다. 《숨의 연대기》는 그 순환의 길 위에서, 존재의 원초적 떨림을 언어로 복원하려는 시적 실험이다.

이 책은 눈으로 읽는 시집이 아니다. 숨으로 읽는 경전(經典)이다. 각 행은 들숨의 길로, 각 절은 날숨의 무게로 쓰였다. 독자가 한 편의 시를 다 읽을 때마다, 그 또한 우주의 한 호흡을 완성하게 된다.

세계는 지금도 숨을 쉬고 있다.
별은 빛으로, 나무는 잎맥으로, 인간은 언어로 숨을 내쉰다.
그리고 시인은 그 모든 호흡의 경계를 잇는 자리에 서서 말한다.

"숨이 곧 생명이며, 생명이 곧 시(詩)이다."

시인 허형만(국립목포대 명예교수)

제1 부

빛이 오기 전(창조의 어둠)

제2 부

돌과 바람의 언어(형태의 창조)

제3 부

풀잎의 눈동자(생명의 각성)

제4 부

불의 기억(의식의 탄생)

제5 부

물의 시간(정화와 순환의 장)

제6 부

시간의 나이테(기억과 세월의 장)

제7 부

불멸의 사랑(사랑의 근원과 영속의 장)

제8 부

꿈의 대지(상상과 창조의 장)

제9 부

빛의 귀향(회귀와 해탈의 장)

제10 부

침묵의 별(귀결과 영원의 장)

제1 부
빛이 오기 전(창조의 어둠)

어둠의 속삭임
먼지의 기도
무(無)의 숨결
별의 태동
이름 없는 빛
고요의 문턱
시간의 어머니
첫 떨림
소리의 씨앗
창조의 잠

어둠의 속삭임

어둠은 아직 아무 이름도 없었다
그러나 이미 그 안에서
빛은 자신을 준비하고 있었다

침묵은 단단했다
움직이지 않는 바위처럼
그 고요는 무거운 숨이었다

보이지 않는 떨림이
공간의 벽을 스쳤다
그 떨림 하나가
시간의 문을 열었다

세상은 아직 없었지만
탄생은 이미 시작되고 있었다

먼지의 기도

먼지 한 알이 공중에서 떠올랐다
무게도, 그림자도 없었지만
그 안에는 별의 씨앗이 있었다

먼지는 자신을 낮추며
세상을 품었다
작음은 사라짐이 아니라
모든 존재의 근원이었다

고요가 곧 기도였다

무(無)의 숨결

없음은 공허가 아니었다
그곳은 생명이 오기 전
신의 손끝이 머무는 자리였다

무(無)가 숨을 들이켰다
세상은 그 한숨 속에서
빛의 언어를 배웠다

아직 아무것도 없지만
이미 모든 것이 있었다

모순이 처음의 질서였다
보이지 않기에 영원했고
들리지 않기에 완전했다

어둠은 존재의 첫 이름이었다

별의 태동

먼지의 꿈이 불을 품었다
불은 자신을 태우며
빛을 낳았다

별은 그렇게 태어났다
고독 속에서 스스로를 밝히며
우주의 첫 울음을 터뜨렸다

탄생은 언제나
자신을 잃는 방식으로 이루어진다

이름 없는 빛

빛은 자신을 보지 못했다
어둠이 있었기에
그 존재를 알았다

진짜 밝음은
스스로를 모를 때 피어난다

고요의 문턱

모든 것이 태어나기 전
고요는 신의 얼굴이었다
움직임이 멈춘 그 순간
영원은 자신을 감췄다

고요의 심장 한가운데
파문 하나 일었다
그 미세한 흔들림이
시간의 맥박이 되었다

세상은 울림으로 생기지 않았다
멈춤으로 시작되었다

시간의 어머니

그녀는 아무 이름이 없었다
시간은 아직 아기가 아니었다
그녀의 품 안에서
무수한 '이전'이 자고 있었다

빛이 태어나기 전
그녀는 그림자를 품었다
어둠의 뼈로 세계를 세웠다

세월은 흐르지 않았다
그저 안으로 깊어졌다

그녀의 숨은 느렸다
그러나 그 느림이
우주의 맥박이 되었다

모든 순간은
그녀의 젖에서 자랐다

첫 떨림

소리도, 색도 없던 세계에
한 점 떨림이 일었다
그 미세한 움직임이
모든 생명의 첫 리듬이 되었다

움직임은 고요의 반역이 아니라
그 완성의 형태였다
세상은 떨림에서 숨을 배웠다

소리의 씨앗

소리는 빛보다 먼저 태어났다
빛이 방향을 찾기 전
울림은 이미 세상의 중심을 알았다

한 음이 길게 흔들리며
공간을 열었다

그 음은 자신을 반복하며
모든 존재를 불러냈다
언어보다 먼저
소리는 시였다

그리고 시는
지금도 그 음의 흔들림이다

창조의 잠

세상은 아직 자고 있었다
빛은 눈을 뜨지 않았고
시간은 멈춘 채
자신의 탄생을 기다렸다

무수한 가능성들이
잠 속에서 서로 얽혔다
별은 꿈꾸었고
그 꿈이 곧 현실이 되었다

잠은 끝이 아니었다
그건 시작의 깊은 호흡이었다

고요가 숨을 고를 때
세상은 서서히 형태를 얻었다

그리고 마침내
한 점 빛이 눈을 떴다
그것이 모든 생명의 첫 울음이었다

제2 부
돌과 바람의 언어(형태의 창조)

돌의 잠

돌은 불의 기억이었다
타오름이 식으며
세상은 처음으로 형태를 얻었다

불이 잠든 자리에서
돌은 고요히 숨을 쉬었다
그 단단함은 멈춤이 아니라
시간의 응결이었다

돌은 움직이지 않았지만
세상의 진동을 다 품고 있었다

그 표면엔 별빛이 스며 있었고
그 속엔 바람이 잠들어 있었다
돌은 기억의 집이었다

그 기억은 침묵의 언어로 남았다

흙의 연대기

돌은 불의 기억이었다
타오름이 식으며
세상은 처음으로 형태를 얻었다

불이 잠든 자리에서
돌은 고요히 숨을 쉬었다
그 단단함은 멈춤이 아니라
시간의 응결이었다

돌은 움직이지 않았지만
세상의 진동을 다 품고 있었다

그 표면엔 별빛이 스며 있었고
그 속엔 바람이 잠들어 있었다
돌은 기억의 집이었다

그 기억은 침묵의 언어로 남았다

바람의 손가락

보이지 않는 손이
세상의 표면을 쓸었다
그곳에 물결이 생기고
꽃잎이 흔들렸다

바람은 흙을 가르치며 말했다
멈추지 마라, 흘러라
흐름이 곧 존재의 호흡이었다

바람은 사유의 첫 선생이었다

땅의 심장

땅이 깊게 숨을 들이켰다
그 숨이 용암이 되어
심장을 만들었다

뜨거움이 식으며
세상은 단단해졌다

땅의 맥박은 느리지만
그 느림이 생명을 지탱했다

나무는 그 심장 위에서 자랐고
바람은 그 위에서 노래했다
돌마다 그 맥이 이어졌다

심장은 땅의 기도였다
보이지 않으나
그 울림이 만물을 깨웠다

하늘도 그 박동에 귀를 기울였다

바위의 울음

세월이 바위를 쓰다듬자
그 표면에 눈물이 맺혔다

단단함에도 틈이 있었다
그 틈은 고통이 아니라 생의 자리였다

바위는 울음을 통해
더 부드러워졌다

흐르는 물이
그 눈물을 노래로 바꿨다

비의 근원

하늘이 자신을 녹였다
그 한 방울이 떨어져
땅을 깨웠다

비는 하늘의 회한이었다
태어나기 위해선
자신을 낮춰야 했다

비는 흙을 적시며 말했다
낮음이 곧 깊음이다

그리고 세상은
그 한 방울의 순종에서
다시 자라났다

모든 생명은
비의 자손이었다

나무의 뼈

나무는 위로 자라며
하늘을 기억했다

그 몸속엔
빛의 흔적이 고동쳤다

나이테는 세월의 뼈였다
시간이 몸 안에 새겨졌다

나무는 서 있는 기도였다
움직이지 않음으로
하늘에 닿았다

그 뿌리 깊은 곳에서
땅과 별이 이어졌다

하늘의 무게

하늘은 가볍지 않았다
그 안에는 바람의 피가 흐르고
구름의 살이 흘렀다

무게가 없는 것은 없었다
빛조차 마음의 질량을 가졌다

하늘은 그 모든 것을 품으며
자신을 눌렀다

그 무거움이 비가 되어 내리고
그 무게가 바람으로 흩어졌다

무게는 짐이 아니라 존재의 증명
하늘은 자신의 하중으로
세계의 평형을 유지했다

그 아래에서 인간은
늘 하늘을 올려다보았다
하늘을 본다는 건
자신의 무게를 느끼는 일이었다

별빛이 스며드는 흙

밤이 깊을수록
빛은 땅으로 스며들었다

하늘의 기억이
흙의 품에서 완성되었다

별빛은 내려오며 자신을 잃었고
그 잃음 속에서
새 생명이 태어났다

세상의 윤곽

불과 물
빛과 어둠이 만나
처음으로 경계가 생겼다

세상은 분리로 태어났다
그러나 그 분리는
서로를 부르는 관계였다

산이 하늘을 밀어 올리고
강이 바다로 흘러가며
모양이 생겼다

윤곽은 고정이 아니었다
움직임의 흔적이었다

세상은 스스로 그렸다 지우며
끝없는 연습을 반복했다

완벽은 없었다
그 미완이 아름다움이었다

제3 부
풀잎의 눈동자(생명의 각성)

새싹의 맥박

땅속 어둠이 갈라졌다
그 틈에서 초록빛 손끝이 나왔다
숨을 들이마시는 듯
세상이 처음으로 움직였다

새싹은 말하지 않았다
그 존재 자체가 언어였다

생명은 태어나는 것이 아니라
스스로 깨어나는 것이었다

뿌리의 기도

땅속은 낮보다 환했다
빛이 닿지 않는 곳에서도
생명은 길을 알고 있었다

뿌리는 깊이를 향한 손이었다
더 내려갈수록 강해졌다

바람은 위로만 부는 것이 아니었다
어둠 속에서도 바람은 있었다

그 바람이 흙을 흔들고
흙이 다시 생명을 키웠다

기도란
누구에게 들리기 위한 것이 아니라
자신의 깊이로 들어가는 일이었다

뿌리는 침묵으로 대답했다

물결의 귀

바람이 지나간 자리마다
물은 귀를 세웠다

세상의 소리를 모아
자신의 울음으로 바꾸었다

물결은 듣는 존재였다
그래서 언제나
가장 먼저 울었다

이슬의 학교

새벽이 오면
이슬방울들이 수업을 시작했다

그들은 빛을 받아
스스로를 반사하는 법을 배웠다

비워야 맑아지고
맑아야 빛을 담을 수 있었다

하루의 첫 배움은
투명함이었다

그 수업을 끝내면
세상은 반짝였다

나비의 경전

날개 위엔 글자가 있었다
누구도 읽을 수 없었지만
그 글자들은 바람에 흩날렸다

가벼움이 곧 진리였다

무게를 잃는 순간
세상은 넓어졌다

나비는 날기 위해 태어나지 않았다
흔들림을 배우기 위해 태어났다

그 작은 떨림이
풀잎을 흔들고
산맥을 움직였다

세상은 그렇게
연약함으로 흘렀다

새의 문장

새는 하늘 위의 문장
바람의 필체로 쓰였다

비행은 언어였고
노래는 그 문장의 쉼표였다

햇살의 아기

햇살은 낮의 자궁이었다
그 안에서 수많은 존재들이 자랐다

잎맥마다 미세한 혈관이 열리고
그 속에서 생명이 피어났다

햇살은 만질 수 없는 손이었다
만지지 않아도
모든 것을 품었다

그 빛 속에서
생명은 자신의 그림자를 배웠다

그림자가 있다는 건
살아 있다는 뜻이었다

하늘이 울음을 멈추자
햇살의 아기가 세상으로 나왔다
그 울음이 바로 봄이었다

숨의 연대기 58

바람의 혀

바람은 세상의 혀였다
모든 언어를 핥으며
뜻을 바꾸었다

이름 없는 것들조차
그 혀끝에서 살아났다

발음은 없었지만
모든 존재가 들을 수 있었다
그 바람은 영혼의 음성이었다

풀잎의 눈동자

풀잎 하나에도 하늘이 담겼다
작은 눈동자가 세상을 비추었다

바람이 지나가면 눈물이 맺혔다
그 눈물 속에서
하늘은 자신을 다시 보았다

세상을 보는 일은
사랑하는 일과 닮아 있었다

풀잎은 시선을 통해
세상을 품었다

보는 것이 곧 존재였다
그 눈동자 안에
별이 들어와 쉬었다

누군가 밟고 지나가도
풀잎은 다시 일어섰다
보는 자는 꺾이지 않는다

숨의 연대기 60

시선이 곧 생명이다
풀잎의 눈동자가
하늘의 빛을 다시 태어나게 했다

생명의 자장가

바람은 잠든 이들을 어루만졌다
파도는 낮은 음으로 노래했다
나무는 그 위에서 숨을 고르며
달빛의 박자에 맞춰 흔들렸다

모든 생명이 서로의 리듬을 들었다

그 조용한 합창이
세상의 첫 음악이었다

잠은 끝이 아니라
새로운 성장의 시간이었다

고요한 박동 속에서
모든 존재는 하나의 노래가 되었다

그 노래는 아직도
밤마다 흘러나오고 있었다

제4 부
불의 기억(의식의 탄생)

불의 탄생

돌과 돌이 부딪혔다
그 짧은 순간
세상은 스스로를 밝히는 법을 배웠다

불은 하늘의 자식이 아니라
인간의 손에서 태어났다

그 불빛 속에서
그들은 그림자를 보았다
처음으로 자신을 인식한 밤이었다

어둠을 몰아낸 건 빛이 아니라
두려움을 품은 인간의 손끝이었다

그때부터 불은
사유의 첫 이름이 되었다

첫 언어

입술이 떨렸다
불빛 아래에서
소리가 처음 형태를 얻었다

의미는 아직 없었다
그러나 떨림에는 진심이 있었다

그 소리가 서로를 부르자
세상이 조금 따뜻해졌다

말이란 결국
온기에서 태어난 것이다

그림자의 교훈

불이 생기자
그들은 자신들의 그림자를 보았다

그 어둠은 두려웠으나
곧 자신임을 깨달았다

밝음이 클수록
그림자도 짙어진다

인간은 그 사실을 잊지 않았다

빛을 얻기 위해선
어둠을 품어야 했다

그림자는 죄가 아니라
존재의 증거였다

어둠이 없다면
빛도 제 이름을 잃는다

그들은 마침내
어둠을 사랑하는 법을 배웠다

불의 기억

불은 타오르면서도 사라졌다
그것이 아름다움의 이유였다

끝을 알기에
불은 더욱 찬란했다

인간은 불을 보며 배웠다
영원은 불가능하다는 것을
그러나 순간은 완전할 수 있다는 것을

불은 세상의 최초의 스승이었다

그 불빛 아래에서
사랑이 태어나고
증오가 자라났다

불은 따뜻함이자 위험이었고
빛이자 파괴였다

모든 창조는
언제나 불의 흔적을 가졌다

숨의 연대기 70

그리고 인간의 심장도
그 불에서 빚어졌다

손의 철학

손은 도구였다
그러나 동시에 기도였다

잡는다는 건
잃음을 준비하는 일이었다

손이 만든 것은
항상 마음의 모양을 닮았다

손은 결국
사유의 가장 오래된 근육이었다

눈물의 기원

하늘이 다시 한 번 인간을 보았다
그들의 눈이 빛났다

그러나 그것은 불이 아니라
눈물의 반짝임이었다

눈물은 약함이 아니었다
내면이 연소된 흔적이었다

불은 세상을 태웠지만
눈물은 마음을 식혔다

세상은 그 두 온도로 돌아갔다

돌의 언약

그들은 돌 위에 약속을 새겼다
불로 태운 글자는
쉽게 지워지지 않았다

약속은 기록이 되었고
기록은 신이 되었다

신은 하늘에서 오지 않았다
인간이 두려움을 모아
스스로 만든 불빛이었다

돌은 기억의 표면이었다
그 안에 남은 열은
믿음의 온도였다

불이 꺼져도
그 언약은 남았다

불길 속의 노래

밤마다 그들은 모였다
불을 둘러싸고 노래했다

소리는 하늘로 올랐고
별들은 그들의 합창에 귀를 기울였다

노래는 신의 언어가 아니었다
두려움을 잊기 위한 인간의 주문이었다

리듬은 마음의 맥박이었다
한 음 한 음이
살아 있다는 증명이었다

불은 그 노래에 반응했다
타오르며 대답했다

그들은 불이 살아 있다고 믿었다
어쩌면 그 믿음이
불을 영원히 지키게 한
첫 기적이었는지도 모른다

탄식의 탄생

불은 뜨거웠고
사랑도 그랬다

그러나 불은 꺼지고
사랑도 식었다

그때 생긴 소리가 있었다
그것이 바로 탄식이었다

불씨

모든 것이 식은 뒤에도
불씨 하나는 남았다

그 불씨는 작은 빛이었다
그러나 세상을 다시 태울 수 있었다

희망이란
꺼지지 않는 불이 아니라
꺼진 뒤에도 남는 온기였다

인간은 그것을
손바닥에 감추었다

바람이 불면
다시 불을 일으키려 했다

그 불씨가 바로
문명의 시작이었다

제5 부
물의 시간(정화와 순환의 장)

물의 눈동자
눈물의 강
바다의 심장
비의 연설
호수의 기억
젖은 발자국
파도의 문법
안개의 노래
물의 이름들
고인 물의 철학

물의 눈동자

물이 처음 세상을 비추었다
그 표면은 거울이었으나
그 안에는 끝이 없었다

하늘이 그 속을 내려다보며
자신을 보았다

물은 기억을 품되
그 기억을 붙잡지 않았다

흘러감이 곧 자유였다
정지하면 썩고
흐르면 다시 태어났다

물은 세계의 눈동자였다
모든 것은 그 안에 비치며 사라졌다

눈물의 강

슬픔이 많을수록
강은 깊어졌다

눈물이 모여
강이 되고

강이 흘러
바다로 갔다

슬픔이 많았기에
세상은 넓어졌다

바다의 심장

바다는 모든 길의 끝이었다
그러나 그 끝은 시작이었다

수많은 강이 자신을 잃고
그 안에 몸을 던졌다

잃는다는 것은
자신을 완성하는 일

바다는 모든 생명을 품었지만
단 한 번도 자기를 주장하지 않았다

깊음은 소유가 아닌
포기의 다른 이름이었다

그 깊은 푸름 속에서
세상은 쉬었다

고요의 진심이
파도 속에서 숨 쉬고 있었다

숨의 연대기 82

비의 연설

하늘이 말을 꺼냈다
비는 그 언어의 형태였다

비는 설득하지 않았다
그저 내렸다

땅은 그 말을 들었고
풀잎은 고개를 숙였다

모든 존재는 젖었다
젖음은 수용의 표시였다

비가 멎자
세상은 조금 더 맑아졌다

말이란
내린 뒤에야 빛이 남는 법이었다

호수의 기억

바람이 멎은 자리
호수가 있었다

그 표면엔 수많은 얼굴이 스쳤고
그 밑바닥엔 아무 말도 남지 않았다

고요는 잊음이 아니라
기억의 깊은 층이었다

호수는 세상의 거울이었다
그러나 가장 먼저 흐려지는 거울이었다

그 흐림이야말로
삶의 진실에 가까웠다

젖은 발자국

비가 막 그친 뒤
진흙 위에 남은 발자국 하나

누가 지나갔는지는 몰라도
그 흔적엔 온기가 있었다

인생이란 결국
사라지는 길 위의
젖은 발자국이 아닐까

파도의 문법

밀고
당기고
부서지고
다시 일어난다

파도는 끝없는 문장이다

주어도 목적어도 없이
리듬으로만 존재한다

그 반복이 지루하지 않은 건
모든 파도가 다르기 때문이다

언어는 결국
파도의 운동을 닮았다

뜻은 부서지고
남는 것은 소리뿐

그러나 그 소리 안에
진심이 있었다

숨의 연대기 86

안개의 노래

빛도, 어둠도
경계를 잃었다

안개는 세상을 희미하게 만들었다
그러나 그 희미함이
마음을 편하게 했다

선명함만이 진실은 아니다
모호함 속에서도
사랑은 자란다

보이지 않아도
있다는 것
그것이 신앙의 다른 이름이었다

물의 이름들

하늘에서 내릴 땐 비
강으로 흐를 땐 물
바다로 모이면 파도
눈으로 닿으면 눈물

이름은 바뀌어도
본질은 하나였다

형태가 다를 뿐
의미는 변하지 않았다

물은 늘 자신을 버리며
새로운 이름을 얻었다

그 변화를 두려워하지 않았다

살아 있다는 건
끊임없이 이름을 바꾸는 일

모든 존재는
자신의 이름을 떠나야
진짜 자신이 된다

물은 그것을 알고 있었다

그래서
늘 흘러갔다

고인 물의 철학

흐르지 못한 물에도
시간은 스며 있었다

고여 있다는 건
멈춤이 아니라 기다림이었다

고인 물은 스스로를 비추며
내면을 닦았다

가장 깊은 고요 속에서
생각은 맑아졌다

움직이지 않음이
또 하나의 흐름이었다

제6 부
시간의 나이테(기억과 세월의 장)

나이테의 언어

나무는 해마다 하나의 원을 새긴다
그 둥근 문장은 말이 없지만
세월의 사전보다 더 진실하다

봄의 기쁨, 여름의 번성
가을의 상처, 겨울의 침묵이
한 줄의 고리로 쌓여간다

잘린 나무의 단면은
죽음이 아니라 연대기였다

나이테는 증거였다
살아 있었다는
계절을 견뎠다는
그리고 여전히 땅에 뿌리를 두고 있었다는

시계의 심장

시간은 외부에서 흐르지 않는다
그것은 우리 안에서 뛴다

초침은 맥박이고
분침은 생각의 길이였다

시계의 바늘은 돌지만
심장은 앞으로 나아갔다

멈춘 시계도
한때는 정확했다

삶이란 결국
자신의 시간을 만드는 일이다

노을의 나이

저녁이 오면
세상은 잠시 멈춘다

태양이 기울며
빛은 금빛에서 붉음으로 바뀐다

그 변화 속에
늙음의 품격이 있다

노을은 하루의 종말이 아니라
빛이 자신을 거두는 의식이었다

가장 아름다운 순간은
항상 마지막 즈음에 온다

태양은 젊음을 잃고
온기를 얻는다

늙는다는 건
시간이 아니라 마음이
빛의 속도를 배우는 일이다

숨의 연대기 96

주름의 지도

거울 속 얼굴에
시간이 그려졌다

주름은 세월의 실금이 아니라
삶의 지문이었다

그 주름 하나하나에
누군가의 웃음이
누군가의 울음이 있었다

얼굴은 결국
살아온 날들의 지도였다

기억의 집

기억은 사라지지 않는다
단지 자리를 바꿀 뿐이다

어린 날의 향기가
낡은 서랍 속에서 피어난다

시간은 훔쳐가지 않는다
다만 재배열할 뿐이다

잊었다는 건
다른 방식으로 간직했다는 뜻이다

그리움이 많을수록
집은 따뜻해진다

기억은 벽돌이 아니었다
그 안에 불빛이 있었다

한 생의 모든 기억이 모여
하나의 집을 짓는다

숨의 연대기 98

그 집의 창문을 열면
언제나 바람이 불었다

바람의 냄새가
그리움의 냄새였다

시인의 시계

시인은 시계를 거꾸로 건다
시간을 되돌리기 위해서가 아니라
시간을 느리게 보기 위해서다

세상은 분 단위로 움직이지만
시는 숨 단위로 자란다

시계는 초침으로 시간을 재지만
시인은 침묵으로 세월을 잰다

그래서 그의 시는
언제나 현재에 머문다

계절의 손끝

봄은 꽃으로 말하고
여름은 열매로 증명하고
가을은 바람으로 회상하고
겨울은 침묵으로 대답한다

그 모든 계절의 손끝이
한 생을 만든다

시간은 직선이 아니라
순환의 나선이었다

끝나지 않는 회전 속에서
모든 생은 서로의 다음이 된다

계절은 교대근무를 하듯
세월을 이어준다

시간의 손끝이 닿을 때마다
우리는 다시 피어난다

오래된 의자

한 자리에 오래 앉아 있던 의자
그 위에 수많은 계절이 지나갔다

사람들은 떠나고
의자만 남았다

남는다는 건
머무는 것이 아니라
받아들이는 일이다

세월의 눈빛

처음엔 모든 게 빛났다
시간이 지나자
빛은 줄었지만
깊이가 생겼다

세월은 색을 빼앗는 대신
온도를 남겼다

눈빛이 부드러워지는 건
마음이 익었기 때문이다

늙음은 쇠퇴가 아니라
빛이 안으로 스며드는 과정이었다

세월의 눈빛 속에는
여름보다 따뜻한 겨울이 있었다

시간의 끝에서

시계가 멈추고
계절이 닫히고
모든 소리가 희미해질 때

시간은 마침내 자신을 본다

끝은 두려움이 아니었다
돌아감이었다

우리가 버린 날들이
다시 우리를 부른다

기억은 죽지 않았다
그저 모양을 바꿨을 뿐이다

잊음은 용서의 다른 얼굴이었다

그 모든 시간 위에
바람이 불었다

숨의 연대기 104

바람은 묻지 않았다
그저 지나갔다

그 지나감 속에
영원의 문이 열렸다

제7 부
불멸의 사랑(사랑의 근원과 영속의 장)

사랑의 첫 빛

처음 사랑은 이름이 없었다
빛처럼 찾아와
모든 것을 비추었다

사랑은 방향이 아니라
존재의 상태였다

누군가를 향해 흐르는 순간
자신도 빛이 되었다

사랑은 주는 것이 아니라
스스로 타오르는 일이었다

그 빛이 세상을
따뜻하게 만들었다

너를 본다

하루의 빛이 기울 때
나는 너를 본다

말이 필요 없는 순간
세상은 조용히 숨을 멈춘다

사랑은 시선의 일이다
보는 사람과 보이는 존재가
서로를 닮아간다

너를 본다는 건
너로 인해 다시 태어나는 일

모든 빛은 눈에서 시작되어
가슴으로 내려앉는다

사랑이란 결국
눈이 마음의 문을 열 때의
그 순간이었다

손의 기억

손끝이 먼저 기억한다
그 따뜻함, 그 떨림

시간이 흘러도
그 감촉은 남는다

사랑은 흔적이 아니라
온도였다

그 온도 하나로
세상은 견뎌졌다

두 마음의 거리

가까울수록
말이 줄었다

침묵 속에서
서로의 숨을 읽었다

멀어질수록
생각이 깊어졌다

거리가 사랑을 막지 못했다
사랑은 간격 속에서 자랐다

너와 나의 틈새에
바람이 지나가고
그 바람에 꽃가루가 흩날렸다

꽃은 그 사이에서 피었다

서로 닿지 않아도
향기가 스며드는 것이
사랑의 방식이었다

불멸

사랑은 끝나지 않는다
다만 형태를 바꾼다

살아 있을 땐 이름이었고
떠난 후엔 바람이었다

그리움은 사라진 자의
또 다른 존재 방식이었다

죽음은 사랑을 막지 못했다
사랑은 죽음 위에서도 숨을 쉬었다

시간이 닫히면
사랑은 시가 된다

그 시 속에서
사랑은 다시 살아났다

너의 이름으로

하루의 시작을 너의 이름으로 열었다
밤의 끝을 너의 이름으로 닫았다

그 이름이 불릴 때마다
세상은 조금 더 따뜻해졌다

이름이란 단어 속에는
기도가 숨어 있었다

부르는 일은 기억하는 일
기억하는 일은 사랑하는 일

그래서 나는
오늘도 너를 부른다

서로의 등불

바람 부는 밤
우리의 등불은 흔들렸다

그러나 꺼지진 않았다

바람이 세상을 흔들었지만
사랑은 그 불빛으로 버텼다

사랑이란 함께 있는 일이 아니라
서로를 밝혀주는 일이었다

한쪽이 어두울 때
다른 쪽이 빛이 되었다

그래서 우리는
결코 동시에 무너지지 않았다

그 교대로 살아가는 일
그 번갈아 타오르는 불빛이
사랑의 진짜 모양이었다

세상 모든 불빛이 사라져도
서로를 비추는 두 눈이 있다면
그것만으로 충분했다

오래된 편지

편지는 낡았지만
글씨는 아직 따뜻했다

잉크가 바래도
의미는 지워지지 않았다

사랑은 기록되지 않아도
남는 것이었다

종이 한 장에도
세월이 숨 쉬었다

마음의 연못

사랑이란
마음 안에 생긴 연못이다

거기엔 말이 잠기고
시선이 비친다

고요할수록
깊어지는 곳

사랑은 흐르지 않아도
마르지 않는다

그 연못에 돌을 던지면
생각이 원을 그린다

그 파문이 서로의 마음을 잇는다

사랑은 파문처럼
닿지 않아도 전해진다

끝없는 사랑

사랑은 끝나지 않는다
단지 모양을 바꾼다

불은 불씨로 남고
물은 눈물로 흐른다
목소리는 침묵으로 이어지고
사람은 기억으로 산다

사랑은 사라지지 않는다
그저 다른 이름으로 계속된다

하늘의 별빛도
이미 오래전에 꺼졌지만
아직 우리에게 도착하고 있다

사랑도 그렇다
빛보다 느리지만
빛보다 오래 산다

이 세상 모든 생명은
그 사랑의 파장 속에서
아직도 움직이고 있다

제8 부
꿈의 대지(상상과 창조의 장)

꿈의 뿌리

모든 꿈은 땅에서 자란다
하늘을 향하지만
그 뿌리는 흙 속에 있다

현실이 거름이 되고
눈물이 빗물이 되어
꿈을 키운다

꿈은 허공의 환상이 아니라
삶의 잔해로부터 피어난 꽃이다

그래서 꺾여도 다시 자란다
꿈은 생명의 또 다른 언어다

잠 속의 나

눈을 감았지만
나는 더 또렷이 보았다

빛보다 느린 기억들이
하나씩 떠올랐다

꿈속의 나는
늘 나보다 솔직했다

잠은 도피가 아니라 귀환이었다
깊이 들어갈수록
진짜 자신과 만났다

몸이 잠들면
영혼이 깨어났다

세상은 낮에 돌아가지만
진실은 밤에 자란다

상상의 강

상상은 멈추지 않는다
흐르는 물처럼
형태를 바꾸며 전진한다

그 강물엔 시간의 이끼가 자라고
언어의 돌들이 깔려 있다

때로는 범람하고
때로는 말라붙는다

그러나 한 번 흐른 상상은
결코 되돌아오지 않는다

그 강을 따라 걷는 일이
삶이었다

상상은 도피가 아니라
현실의 확장이다

보이지 않는 세계를 믿는 순간
세상은 더 깊어진다

강의 끝에는 바다가 있다
그 바다는 무한의 가능성이었다

별의 학교

밤하늘엔 수많은 교실이 있었다
별들은 고요히 빛을 가르쳤다

침묵이 가장 오래된 교과였고
어둠은 그들의 칠판이었다

우리는 그 아래 앉아
세상의 원리를 배웠다

배움이란 결국
하늘을 바라보는 습관이었다

그날의 별빛은
아직 내 마음의 책 속에 있다

그림자의 정원

낮에는 빛이 꽃을 피우고
밤에는 그림자가 잎을 키웠다

보이지 않는 곳에서
생명은 자랐다

꿈은 빛보다 어둠을 필요로 했다

그림자 없는 정원엔
향기가 머물지 않았다

무의식의 창

마음의 벽 안쪽엔
하나의 창이 있었다

그 창은 닫을 수 없었다
늘 안쪽으로만 열렸다

거기엔 시간도 없고
이름도 없었다

그러나 그곳에서
모든 시가 태어났다

생각의 바깥에서
언어의 씨앗이 자랐다

무의식은 혼돈이 아니었다
신의 초안이었다

하늘의 문장

별이 흩뿌려진 밤하늘
그건 단순한 빛의 무늬가 아니었다

별들은 문장을 쓰고 있었다
바람이 그 글씨를 번역했다

별빛 하나는
태어난 생명 하나의 기록이었다

하늘은 거대한 시집이었고
우리는 그 페이지를 바라보는 독자였다

별이 떨어질 때마다
한 구절이 끝났다

그러나 시는 멈추지 않았다
하늘은 여전히 쓰이고 있었다

꿈을 먹는 나무

나무는 밤마다 꿈을 먹었다
그 잎마다 꿈의 조각이 달려 있었다

사람들이 지나가며
그 향기를 맡았다

꿈의 향은
현실보다 달콤했다

그러나 그 나무는
낮이 오면 슬퍼했다

빛이 강할수록
꿈이 사라졌기 때문이다

그래서 그는 해질녘을 기다렸다

모든 나무가 잠들 때
그는 다시 깨어났다

그 나무의 이름은
'희망'이었다

꿈의 연금술

현실이 무너질 때
꿈은 금이 되었다

절망 속에서도
빛나는 것이 있었다

그건 믿음이었다

믿음은 모든 것을
다시 빛으로 바꿨다

사람들은 그 과정을
'기적'이라 불렀다

그러나 꿈은 늘
조용히 일하고 있었다

하루의 잔해를 모아
다음 날의 빛을 만드는 일

그 단순하고 느린 연금술이
세상을 지탱했다

꿈은 결국
불가능을 가능으로 바꾸는
가장 오래된 과학이었다

깨어 있는 꿈

눈을 떴지만
아직 꿈은 끝나지 않았다

세상은 현실의 옷을 입은
또 다른 꿈이었다

사람들은 그것을 '삶'이라 불렀다

삶은 꿈보다 복잡했지만
결국 같은 본질을 품었다

깨달음은 잠에서가 아니라
깨어 있음 속에서 온다

꿈이 사라지는 게 아니라
현실이 변하는 것이다

진짜 꿈은
잠이 아니라 의식의 확장
깨어 있는 상상이다

오늘도 나는 꿈을 꾸듯 산다
아니, 살아 있기에
끝내 꿈을 꾸고 있다

제9 부
빛의 귀향(회귀와 해탈의 장)

빛의 강

하늘에서 흘러내린 빛
그건 물이 아니라 시간이었다

하루가 흘러가며
모든 생명이 그 강을 건넜다

어둠조차 그 빛을 막지 못했다
빛은 언제나 자신을 잃지 않았다

흐름은 곧 귀향이었다
세상은 멀어졌지만
빛은 언제나 돌아왔다

빛의 강은 결국
우리의 눈 속에서 흘렀다

새벽의 문

밤은 문이었다
별빛이 그 문의 손잡이였다

세상이 잠든 순간
새벽은 조용히 들어왔다

아무 소리도 내지 않고
세상을 다시 열었다

어둠이 물러나는 건
빛이 강해서가 아니라
시간이 용서하기 때문이었다

모든 시작은 새벽의 침묵에서 나온다
그 침묵은
어머니의 품처럼 따뜻했다

새벽은 매일 태어나지만
한 번도 늦지 않았다

하늘의 귀

하늘은 늘 듣고 있었다
바람의 소리
풀잎의 떨림
사람의 한숨까지

아무도 묻지 않아도
하늘은 대답했다

대답은 소리 아닌 빛이었다
그 빛 속에서
모든 기도가 녹았다

불빛의 노래

한 자루의 촛불이
어둠을 가르며 노래했다

바람이 불 때마다
불빛은 떨렸지만 꺼지지 않았다

노래는 흔들림에서 시작되었다
완전함이 아니라 불안에서

모든 예술은
꺼지지 않기 위한 몸부림이었다

불빛이 타오르는 건
죽음을 두려워해서가 아니라
살고자 하는 본능 때문이었다

그 불빛은 결국
사람의 마음이었다

빛의 그늘

빛에도 그늘이 있다
그 그늘이 세상을 입체로 만든다

그늘 없는 세상은
깊이를 잃는다

사람의 슬픔은
빛의 반대편에서 자란다

사랑의 그림자는
그리움이 된다

우리는 늘 빛을 쫓지만
사실 그늘 속에서
자신을 본다

빛이 눈부셔
눈을 감는 순간
비로소 내면이 열린다

그때 알게 된다
그늘은 결핍이 아니라
존재의 또 다른 얼굴이었다

빛의 기원

빛은 처음부터 있었던 게 아니었다
그건 어둠의 그리움이었다

어둠이 너무 외로워
자신을 나누었을 때
그 한 조각이 빛이 되었다

그래서 빛은
어둠을 미워하지 않는다

그들은 서로의 반쪽이었다

낮이 밤을 부르고
밤이 다시 낮을 낳았다

모든 리듬은 그 둘의 호흡이었다

사람의 마음도 그렇다
사랑과 외로움이
서로를 낳는다

빛은 완전하지 않다
그 불완전함이
세상을 살게 한다

태양의 기원

태양은 하루에 한 번 지지만
결코 사라지지 않는다

그는 지는 순간에도
다른 쪽 하늘에서 떠오르고 있었다

죽음이란 결국
다른 생의 낮이 되는 일

빛은 단 한 번도 멈춘 적이 없다
우리의 그림자만
계절처럼 바뀔 뿐이었다

눈부심

가장 밝은 순간
사람은 눈을 감는다

눈부심은 고통이 아니라
진실이 너무 가까운 징조다

빛은 눈을 닫은 자만이 본다

귀향

먼 길을 돌아왔다
돌멩이 하나, 풀잎 하나
모두 제자리에 있었다

세상은 떠난 적이 없었다
단지 내가 멀리 돌아갔을 뿐

하늘은 처음 그 하늘이었고
물소리는 여전히 그 물소리였다

돌아온다는 건
새로움을 찾는 일이 아니라
본래의 자리를 다시 사랑하는 일이었다

귀향은 장소가 아니라 마음이었다

사랑이 남아 있는 곳
그곳이 언제나 고향이었다

모든 길은 결국
빛으로 이어졌다

나는 이제 안다
돌아간다는 건
빛으로 돌아가는 일이라는 걸

빛의 안식

세상의 모든 불빛이
하나의 점으로 모였다

그 점이 사라지자
어둠은 잠들었다

그러나 그 어둠 속에서
또 다른 빛이 태어났다

끝은 없었다
단지 쉼표가 있었다

빛도 쉬어야
다시 세상을 비출 수 있었다

그 고요 속에서
생명은 숨을 골랐다

세상은 잠시 눈을 감았고
우주는 다시 숨을 들이켰다

숨의 연대기 150

제10 부
침묵의 별(귀결과 영원의 장)

마지막 나뭇잎

겨울의 끝
한 장의 잎이 남았다

모든 가지가 침묵했지만
그 잎만은 흔들렸다

바람이 멈춘 자리에서
빛이 머물렀다

떨어짐은 죽음이 아니라
하늘로의 귀향이었다

그 잎은 땅이 아니라
빛으로 돌아갔다

별의 무덤

별은 죽지 않는다
다만 불을 거둔다

그 잿빛 속에서
또 다른 빛이 태어난다

죽음은 별의 재활용이었다
우주는 낭비하지 않는다

모든 끝은 다른 시작의 재료였다
사라짐은 순환의 한 행위였다

별의 무덤 위에 피어난
하나의 이슬
그것이 생명의 새벽이었다

돌의 시간

돌은 움직이지 않는다
그러나 세상을 오래 보았다

사람이 떠나고
바람이 변해도
돌은 그 자리를 지켰다

지킨다는 건
움직이지 않는 용기였다

시간이 돌을 깎고
침묵이 돌을 완성했다

그 안엔
천 년의 바람과
만 년의 비가 있었다

돌은 말하지 않았다
그러나 모든 세월이
그의 얼굴에 새겨져 있었다

바람의 묘비

누구도 바람을 묻지 못한다
묻는 순간
그는 흙이 된다

바람의 무덤은
세상의 모든 길 위에 있다

그 묘비명은 단 하나 ―
지나감이 곧 존재였다

고요의 심장

세상은 멈추었다
빛도, 소리도, 이름도

그러나 그 멈춤 속에서
무언가 뛰고 있었다

고요는 정지가 아니었다
더 깊은 리듬이었다

모든 소리가 빠져나간 자리에
숨이 남았다

그 숨은 세상의 심장이었다

눈에 보이지 않아도
모든 생명이 그 박자에 맞춰
조용히 움직였다

우주는 거대한 심장이었고
고요는 그 맥박이었다

멈춤은 죽음이 아니라
영원의 맥박이었다

흙의 어머니

모든 생명이 돌아왔다
흙은 그들을 구분하지 않았다

꽃잎과 벌레
사람과 별의 재도
같은 품에 안겼다

썩음은 더러움이 아니라
순환의 의식이었다

흙은 냄새로 사랑을 말했고
침묵으로 기억을 품었다

그 품에서 사라짐은
다시 태어남이었다

죽음은 흙의 자장가였다
그 노래에 귀 기울이면
모든 영혼이 잠들었다

흙은 세상의 어머니였고
어머니는 흙의 또 다른 이름이었다

밤의 신전

별빛이 기둥이 되고
침묵이 벽이 된 신전

그 안에서 사람은
스스로를 내려놓았다

신은 하늘에 있지 않았다
그 침묵 속에 있었다

기도는 말이 아니라
멈춤이었다

아무것도 바라지 않을 때
세상은 모든 걸 주었다

그 신전의 이름은
밤이었다

숨의 귀환

숨은 떠났다가 돌아왔다
바람이 불고 멎듯

그 순환 속에서
생명은 태어났다

한 번의 들숨이
수천 년의 생을 잇고 있었다

숨은 개인의 것이 아니었다
별과 나무, 강과 사람
모두의 숨이 하나로 이어졌다

우주는 거대한 호흡이었다
그 호흡이 곧 사랑이었다

침묵의 별

별이 지고
모든 소리가 멎었다

그러나 그 침묵은
죽음이 아니라 완성이었다

빛은 자신을 다 비춘 뒤
스스로를 껐다

그 꺼짐 속에서
모든 생명이 쉬었다

우주는 잠들었으나
꿈은 계속되었다

그 꿈 안에서
별은 다시 태어났다

침묵은 노래의 마지막 음이었다
가장 큰 소리는
들리지 않았다

숨의 연대기 164

별은 사라지지 않았다
그저 귀를 닫은 이들에게서
조용히 멀어졌을 뿐이다

영원의 숨

모든 빛이 하나로 모였다
그 빛은 다시 숨이 되었다

처음과 끝이 맞닿은 자리
시간은 멈추고 존재만 남았다

그곳엔
이름도, 경계도 없었다

모든 생명은 하나의 숨으로 이어졌다

돌의 침묵
물의 흐름
불의 열기
바람의 떨림
흙의 품
별의 빛

그 모든 것이 한 호흡이었다

우주는 들숨이고
인간은 날숨이었다

그리고 그 사이의 공기가
사랑이었다

에필로그

빛과 숨의 순환에 대한 시적 형이상학

청람 김왕식 시집 《숨의 연대기》를 중심으로

시인 안혜초

Ⅰ. 서론 – 우주의 숨, 시의 숨

청람 김왕식의 시집 《숨의 연대기》는 시적 언어로 구현된 하나의 우주 창조 서사다. 그것은 신화적 기원을 향한 회귀이자, 인간적 사유가 닿을 수 있는 가장 근원적인 영역 — '숨'이라는 존재의 리듬 — 에 대한 철학적 탐사다. 이 시집이 특별한 이유는, 세계를 설명하려하지 않고 호흡으로 감각하게 만든다는 점이다. 저자는 '숨'을 단순한 생명 현상이 아니라, 존재의 최초 언어로 바라본다. 들숨은 탄생의 은유이고, 날숨은 귀향의 징표이며, 그 사이에 존재하는 모든 생명은 거대한 우주의 리듬 안에서 공명한다.

《숨의 연대기》는 열 개의 부로 구성되어 있다. 제1부 '빛이 오기 전(창조의 어둠)'에서 제10부 '침묵의 별(귀결과 영원의 장)'에 이르기까지, 세계는 한 점의 어둠에서 시작하여 빛으로 돌아가고, 다시 침묵으로 귀결된다. 이 구조는 단순한 순차적 전개가 아니라, 우주적 순환의 구조를 상징한다. 즉, 시집의 서두와 종결은 서로 마주보며 닫히지 않는 원환(圓環)을 이루고 있다. 이 원환 구조 속에서 '숨'은 단 한 번도 끊기지 않는다. 그것은 시간의 흐름을 넘어, 생명의 흐름으로 이어진다.

Ⅱ. 본론 1 — 어둠에서 빛으로, 빛에서 생명으로

김왕식의 시적 사유는 제1부에서 이미 독창적인 신화적 세계관을 보여준다. 「어둠의 속삭임」은 "어둠은 아직 아무 이름도 없었다 / 그러나 이미 그 안에서 빛은 자신을 준비하고 있었다"고 말한다. 어둠을 결핍이나 공허가 아니라, 빛의 잠재태(潛在態)로 바라보는 관점은 이 시집의 전편을 관통하는 핵심 철학이다. 어둠은 무無가 아니라, 모든 '있음'의 어머니이다.

그 연속선상에서 「먼지의 기도」는 "작음은 사라짐이 아니라 모든 존재의 근원이었다"고 말하며, '작음'과 '겸허함'을 창조의 원리로 제시한다. 인간의 언어로 표현되지 않는 창세의 세계를, 시인은 호흡의 리듬과 이미

지의 결로 대체한다. "세상은 아직 없었지만, 탄생은 이미 시작되고 있었다." — 이 구절은 존재의 시원을 향한 시인의 확고한 직관이다.

제2부와 제3부로 이어지는 '형태의 창조'와 '생명의 각성'의 장은 세계의 물질적, 생명적 형성기를 보여준다. 「돌의 잠」과 「흙의 연대기」에서 세계는 고체의 단단함으로 응결되고, 「바람의 손가락」과 「비의 근원」에서 유동과 관계의 원리가 들어선다. 그리고 「풀잎의 눈동자」에서는 마침내 의식이 생명으로 깨어난다. "보는 것이 곧 존재였다." — 이 한 문장은 데카르트적 이성의 명제를 초월하는, 시적 존재론의 정수다.

김왕식의 시는 시각적 대상 묘사를 넘어, 사물의 내면을 감각한다. 돌의 단단함 속에서 시간의 흐름을, 바람의 무형성 속에서 언어의 시작을 포착한다. 그의 자연은 단순한 배경이 아니라, 인간 이전의 언어이자 사유의 주체로 존재한다. 이 시집의 세계에서는 모든 존재가 '숨을 쉰다.' 시인은 인간의 말보다 오래된 숨의 언어를 들려준다.

III. 본론 2 — 의식의 불, 사랑의 빛, 시간의 기억

제4부 '불의 기억'은 인간의 의식이 탄생하는 장이다.

「불의 탄생」과 「첫 언어」는 물질에서 정신으로의 도약을 보여준다. 인간이 불을 다루게 되었을 때, 그는 단순한 생존을 넘어 '의미'를 가지기 시작했다. 불은 따뜻함이자 위험, 창조이자 파괴의 이중성을 지닌다. 김왕식의 불은 과학적 발견이 아니라, 존재의 자각을 밝히는 영적 불꽃이다. "어둠을 몰아낸 건 빛이 아니라 / 두려움을 품은 인간의 손끝이었다." ― 시인은 인간의 근원적 존엄을 불의 상징으로 제시한다.

제5부와 제6부는 세계가 시간과 정화의 리듬 속으로 들어가는 과정이다. 「물의 이름들」에서 "살아 있다는 건 끊임없이 이름을 바꾸는 일"이라는 구절은, 존재의 유동성을 상징한다. 물은 형태를 버리고 흐름으로 존재한다. 이 물의 철학은 인간의 정화와 순환의 원리를 제시한다.

이어지는 제6부 '시간의 나이테'에서는 인간의 생애가 등장한다. 「나이테의 언어」와 「기억의 집」, 「시인의 시계」는 시간을 재는 인간의 내면적 장치들을 보여준다. 나이테는 자연의 기록이고, 시계는 인간의 기록이다. 그러나 시인은 "시인은 시계를 거꾸로 건다"고 말하며, 시간의 일방향성을 거부한다. 시의 시간은 선형이 아니라 순환적이다. 모든 것은 다시 숨으로 돌아간다.

Ⅳ. 본론 3 ─ 사랑과 꿈, 빛과 귀향

제7부 '불멸의 사랑'에서 시인은 생명의 근원을 사랑으로 전환한다. 이 사랑은 감정이 아니라, 존재를 지속시키는 힘이다. "사랑은 주는 것이 아니라 / 스스로 타오르는 일이었다." 사랑은 연료이자 빛이다. 사랑이 불멸하는 이유는, 그것이 형태를 바꾸며 계속 살아남기 때문이다. 죽음조차 사랑의 리듬을 끊지 못한다.

제8부 '꿈의 대지'는 인간 정신의 창조적 차원이다. 꿈은 현실을 부정하는 허상이 아니라, 세계를 새롭게 빚는 힘이다. 「무의식의 창」에서 "그곳에서 모든 시가 태어났다"는 구절은, 시인의 예술론이기도 하다. 시는 의식의 산물이 아니라 무의식의 초안에서 비롯된다는 인식이다.

그리고 제9부 '빛의 귀향'은 우주의 순환이 완결되는 장이다. 「빛의 기원」은 어둠을 단순한 부정으로 보지 않는다. "빛은 어둠의 그리움이었다." ─ 이 한 구절은 전체 시집의 철학적 중심축이다. 어둠과 빛, 생명과 죽음, 탄생과 귀향은 서로의 반대가 아니라, 서로를 낳는 쌍생의 구조다.

마지막 제10부 '침묵의 별'은 귀결과 해탈의 세계이다.

「영원의 숨」에서 "우주는 들숨이고, 인간은 날숨이었다. 그리고 그 사이의 공기가 사랑이었다." 이 시집은 결국 사랑의 우주론, 호흡의 신학, 존재의 시학으로 완성된다. 인간의 한숨조차 우주의 리듬 속에서 의미를 얻는다.

V. 결론 ― 시와 존재의 원환

《숨의 연대기》는 하나의 시집이자 하나의 철학 체계다. 김왕식의 시는 세계를 설명하지 않는다. 대신 세계가 스스로를 발화하도록 돕는다. 그의 언어는 인간 중심의 서술을 넘어, 사물 중심의 사유로 이동한다. 돌이, 흙이, 바람이, 물이, 별이 각자의 철학자로 등장한다. 시인은 그들의 언어를 '번역'하는 존재일 뿐이다.

이 시집이 독창적인 이유는, 거대 서사와 미세한 호흡을 동시에 품고 있기 때문이다. 창조와 귀환, 시간과 사랑, 물질과 정신이 하나의 호흡으로 이어진다. 각각의 시는 별처럼 독립되어 있으면서도, 전체는 별자리처럼 하나의 거대한 의미망을 형성한다.

청람 김왕식은 이 시집을 통해 문학의 본질이 언어의 화려함이 아니라, 존재의 감응력에 있음을 증명했다.

그의 문장은 간결하지만, 그 안에는 우주의 맥박이 흐른다. 그의 시는 종교 이전의 경전이며, 철학 이후의 시다.

《숨의 연대기》는 읽는 책이 아니라 호흡하는 책이다. 한 행을 읽을 때마다 우리는 한 번 들이쉬고, 한 번 내쉰다. 그 들숨과 날숨 사이에서, 우리는 스스로의 존재를 자각한다. 그것이 김왕식의 시가 우리에게 주는 가장 깊은 은총이다.

요약하자면, 이 시집은 인간의 시간 안에서 우주의 시간을 들려주는 시적 연대기이며, 어둠에서 빛으로, 빛에서 사랑으로, 사랑에서 침묵으로 이어지는 존재의 순환 구조를 담고 있다. 그것은 결국, "한 점 숨으로 시작하여 한 점 숨으로 귀결되는 생명의 증언서"다.
청람 김왕식의 《숨의 연대기》는 시의 본질을 다시 묻는다.
  그는 말한다.
"시란, 우주의 호흡을 인간의 말로 옮겨 적는 일이다."

이 한 문장이 모든 해설을 대신한다.
그의 시는 우리에게 묻는다.
"당신은 지금, 어떤 숨으로 살고 있는가?"